JN413231

달리는 웅덩이

이은주 시집

시인동네 시인선 267

이은주 시집

달리는 웅덩이

시인동네

희고 긴 목덜미가
훤히 드러난

돌올하게 새겨진
창문 바깥 내다본다.

세상을
기어오르는 발들,
서두르지
않는다.

2025년 12월
이은주

차례

제2부

제3부

제4부

제5부

제1부

방음벽

투명한 방음벽에 그림 새가 훨훨 난다
난데없는 유리벽은 허공을 싹둑 잘라내고

후드득
눈 깜짝할 새
꽃이 지듯 새가 진다

꽉 막힌 벽이라면 불통이 소통인 걸
솔직한 담장답게 그냥 앞을 가려주세요

벽들의
투명한 횡포에
바람 날개 뚝뚝 부러진다

돌이 오줌 눈다

산비탈 돌짝밭의 시끌벅적 자갈들은 바람도 타들어 가는 검불 같은 가뭄에도
엉덩이 살짝 들추면 앉은자리 축축하다

돌문처럼 단단한 세상 비집고 나오느라 비지땀 꽤 쏟았을 작물들 마른 발등에
돌들은 삶의 이슬점 모아 오줌을 다 누어준다

너도 62년생이니?

가을로 야유회 간 호랑이띠 회원들
제 어깨를 토닥이듯 나무에게 말을 건다

태풍에 사과를 죄 쏟은
골방 같은 한 그루

딸 것이 없다는 건 그늘도 부질없는 일
공연히 무성한 잎 바람이나 깨작대고

빙 둘러 에워싼 가장들
너도 62년생이니?

부리가 한 질문

시간을 소분하듯 늘어놓은 대봉시들

"익었니?"라고 콕콕 물어본 흔적들이 맨홀의 입구 같다 미궁 같은 블랙홀 새는 부리 식으로 질문을 던지고 열매는 껍질 식으로 대꾸를 또 하고 상처는 늘 똑같은 패턴을 그리고

떡 벌린 악어 입속의 막다른 마음이어

바람과의 실랑이

실험실 에어컨을 섣불리 가동하면
온 데를 다 헤집는 고삐 풀린 말처럼
바람이 저울에 올라타 숫자가 널을 뛴다

온풍이든 냉풍이든 함부로 발 구르며
안 보이는 무게를 뺐다가 보탰다가
불같은 변덕에 그만 전자저울 떨고 있다

현수막 찢고 가는 광풍의 키질 앞에
세상이 멀미한다 기준이 흔들린다
영점이
갈팡질팡하는 바람에
냉온풍기 꼭 끈다

인생 역전

어디에 흘린 걸까?
실마리를 찾으러

고개를 깊이 숙인 채 역 바닥을 훑는다

언제든 떠날 채비로
역들은 늘 노숙 중

선로에서 이탈한
현실을 추스르며

앞뒤 없는 열차처럼 역(逆)으로 생각하면

가는 길 순방향 역방향은
본래부터 같은 쪽

언제나 늘 그 자리
바위처럼 기다리는 역

삶에도 순지르기 필요한 법이라며

새로운 노선을 찾는 인생
역전은 역전에서

비둘기의 사생활

시에서 붙여놓은 홍보용 현수막
유해 야생 비둘기에게 먹이 주지 마시오
범인을 현상수배 하듯 사진까지 걸었다

야성을 눌러 앉혀 집둘기로 길들여
손편지 심부름에 큰 행사 들러리에
평화의 상징이라더니 닭둘기라며 가란다

비둘기 쏘다니며 토사물 쪼아 먹고
부스러기 수거에 마술쇼 고정 출연에
인간들 치다꺼리로 새벽부터 열일한다

견치원(犬稚園)

간식과 알림장을 배낭에 챙겨 메고
펫시터가 마중 오는 통학버스 기다린다

유치원 머뭇대는 사이
견치원 선수 치고

비혼족 만혼족 저출산의 그 허기를
반려로 채워가며 경계 풀린 펫사랑

하원 후 애견카페 들러
멍푸치노* 한잔한다

───────

*멍푸치노: 강아지 전용 음료로 멍멍이(강아지)와 카푸치노의 합성어. 한 잔에 삼천 원 정도 함.

꽃들의 조문 행렬
—근조 화환

화환의 개수가 생의 근력 대변하듯

썩지 않는 꽃들이 리본만 바꿔 달고

쥔 없는 만장 펄럭이며 상갓집을 드나든다

거품 같은 낯빛에 굵은 서체 늘어뜨리고

어깨너비로 도열한 채 입간판처럼 당당하다

고인과 일면식도 없는 명함 행렬 길어진다

무덤덤

요양병원
안치되면
신발을
놓치겠다

허공을
디디고 선
다육식물
공기뿌리처럼

거치된
침대 위에서
집에 갈 길
저물겠다

표정이라는 막

이인분 고등어를 구이로 주문하고

구운 건지 튀긴 건지 가볍게 물었는데

따지듯 물어봤단다
나만 모르는 내 표정

골라서 보관하는 잘 나온 사진처럼

맘에 드는 얼굴만 나라고 믿는 사이

다양한 생활 표정들
보정 없이 노출되고

암막처럼 두껍게 감춘 줄 알았는데

스치는 생각까지 일러바치듯 빠져나온

가파른 생각의 삼투압

암전 같은 막을 친다

도플갱어

스투키 줄무늬는 가물치를 쏙 빼닮고
바닷속 쏘가리는 표범 무늬 차려입고
쐬아 쐬~ 숲속의 바람 파도 소리 따라 내네

반질반질 피마자 씨 영락없는 풍뎅이고
울퉁불퉁 여주 열매 파충류인 척 돌기 세우고
여주 씬 어깨가 떡 벌어져 노린재와 판박이네

한솥밥 같이 먹는 식구끼리 닮아가고
한구석 쿡 찔리면 한 번에 같이 아픈
지구는 산만신경계 초록별은 한통속!

애목련

백문조
부리 같은
우윳빛 꽃봉오리

기지개 켠
가지마다
일제히 올라앉아

와르르!
각설탕 봄이
쪼는 대로 쏟아진다

눈깜짝할새

뒤로는 절대 못 날지 옆으로도 못 가지
풍향계 화살처럼 부리가 찍고 있는
정면을 뚫어버릴 듯
앞만 향해 퍼덕이지

대신 우는 자명종처럼 빈틈없고 한결같지
마음의 저항들을 유선으로 타 넘으며
깐깐한 눈깜짝할새
왔던 길 다신 안 가지

제2부

향에 오염되다

화장품을 만드는 백여 가지 원료들
검체 통에 덜어서 빽빽이 꽂아두면
향내가 왜 나는 걸까 무취인 재료에서

스민 건지 흡입한 건지 향기에 오염되어
쓸모가 없어졌다 고유성을 놓쳤으니
코끝에 달리는 잔향이 힘없는 묵 맛 같다

탈취제에 늘 쫓기는 악취의 부류부터
화려하게 포장되어 대우받는 향수까지
냄새로 계급을 매기다 제풀에 포로 된다

거미의 줄

이슬 조명 찰랑대는
홑겹의 영롱한 덫

자기 살 덜어내어
맘껏 펼친 제 세상이

온전히 거미 편은 아니다
들러붙긴 매한가지

끈적이는 씨줄과
끈기 없는 날줄이

휘도는 허공 바닥,
한 생의 내력벽 같은

날줄만 가려 디디며
공복을 채집한다

교실 시간표

다크서클 짙은 달요일
자몽하다 불요일
억지로 꿀꺽 삼켜도 반도 안 간 물요일
떠올라 숨 쉬고 싶은 뿌리 깊은 나무요일
몸과 맘이 가벼운 금쪽같은 쇠요일
겨울 냉이 땅에 붙듯 드러눕고픈 흙요일
붉도록 학원 궤도 도는 위성 같은 해요일

눈길들 수없이 붐빈 어느 고3 교실 시간표
한 주가 한 생 같아 지레 늙는 아이들은
생의 봄 속거름도 없이 겉거름 치기 분주하다

노란 블록

길 위에 길을 내는
네모난 발자국들

세상을 두드리는
지팡이 앞장서서

일자로 꼿꼿이 보행한다
휘청거리지 말란 듯

어디나 한복판이고
언제나 사각지여도

녹색 깃발 펄럭이듯
호각 같은 노란 보호막

오돌톨 돋은 압점들
삶의 통점 지압한다

마스크 마이크

돌출된 마스크가 맹견의 입마개 같다
비난으로 뜯지 않게 거짓으로 늘어지지 않게
말 없는 네모난 경고
—불필요한 말 삼가시오

목줄처럼 팽팽한 사회적 거리에도
마스크 앞장세워 간격을 쓰다듬는다
소리도 필터에 걸리는지
말수가 확 줄었다

소음 디톡스

차세대 사치품은 '고요'라는 보도 앞에
거금을 주고라도 나 또한 사고 싶다

소음의 독소 속에서
웃음으로 여는 하루

식전부터 내지르는 커피포트 비명에
왕왕 우는 후드 팬, 끼없는 언성까지

소리의 파고에 흔들려
울렁울렁 멀미 난다

여름날 소나기 쏟듯 튀김기름 끓는 소리
엄지와 검지로 꿀이 쩍쩍 입맛 다시는 소리

귀 닫고 소리돋보기로
마음의 초점 모아본다

콧노래 흥얼대듯 연한 비닐 부스럭 소리
종이에 털어놓는 연필심 속살대는 소리

태초의 백색잡음으로
중독을 해독한다

설마 초보

폐자재 그득 실은 덤프트럭 뒤따르다
뒤늦게 눈치챘다 깨알 같은 초보운전
에이 참, 아니겠지 설마 저 덩치에 초보라니

혹시 몰라 차선을 바꿔 얼른 흘깃 쳐다보니
앞 트럭 바싹 좇는 초짜가 맞는 모양
트럭엔 초보 없다고 어쩌다 길든 생각

초보는 일단 작고 새순처럼 여려야지
생각의 동선들은 가던 데만 가려고 해
원점을 또 비껴간다 고정된 상수처럼

오이 마을

봄이군 오이면 좋으리 마을이 있다

노란 꽃 탯줄을 단 쪼글쪼글 갓난 외는 앙칼진 가시 세워 포
식을 경계하고 둥근 지붕 비닐하우스 두 번째 태양 아래 속성
을 부추겨 쭉쭉 뻗은 청오이들…… 마을은 쉴 새 없이 통째로
익어간다 대량 재배 노병 같은 펑퍼짐한 누런 노각, 발톱 닳고
주름 흰해 과월호로 누웠다

이 빠진 연분홍 잇몸들이 오후를 씹고 있다

여보, 나 왔어

여보~

나 왔어 애들은?

저녁이 뒤돌아볼 뿐

텅 빈 집 컹컹 울리는
노총각 A 자취방

술래가
술래를 찾아
주문을 외워본다

늘벗 슈퍼

노부부가 넘겨받은 노후 된 상가 슈퍼

오전엔 할아버지 오후엔 할머니가

해와 달 오누이처럼 번갈아 뜨고 진다

노후대책 담보로 어긋나는 시간들

가짓수 줄어들고 유통기한 넘어가도

말랑한 후숙의 날들 징검돌로 건넌다

요양병원 복도

목각처럼 누운 노인
거스러미 일어난 듯

거칠한 목소리로
어므이—
어므이—

불 꺼진 2층 복도가
동굴처럼
길게 운다

처음 뗀 그 말만
오롯이 생에 남아

굳는 혀 애써 펴며
약속처럼
당겨본다

산도를 또 지나는지

그 길 붉고

어둑하다

어처구니

외출 시 필수품을 분명 쓰고 나왔는데

회사에 도착하어 룸미러를 언뜻 보니

아뿔싸! 마스크는 썼는데 가발을 안 썼네

충분히 답답했건만 민낯 같은 정수리라니

얼굴도 가렸겠다 그냥 출근해? 망설이다

어디에 하소연도 못 하고 왔던 길 거스르네

벌 짓이네

안 매운 고추라고 장담하고 따왔는데
이게 웬일 입안이 확확 아리도록 매운맛에
귓전에 소방용 경종 혼을 빼듯 요란하다

청양과 아삭이를 나란히 심었더니
벌들이 이 꽃 저 꽃 암술 수술 드나들다
애먼 데 고춧대 박듯 화분을 내린 모양

오이의 외양에 청양의 불맛이라니
공짜로 부렸으니 뭐라고도 못 하고
벌들이 뻘짓을 했네 누구 탓을 해야 하나

개근 거지

우등보다 대단타고 성실의 표상이라고

어깨를 토닥토닥 우쭐했던 그 상장이 해외여행 한번 못 간, 꼬박꼬박 출석만 한 가난의 척도 되어 어디든 숨고 싶다 동남아 현장학습은 쳐주지도 않는다지 굳이 수업 빠져가며 체험학습 장려로 공부는 학원 차지 학교는 겉치레뿐 가수분해 효소 없이 웃자란 아이들로 편파적 우기가 몬순으로 들이치고 스콜성 편 가르기로 스쿨존이 지끈지끈하다

공들인 자식 농사에 풍년거지 예보한다

제3부

느티바람

한 줄기 실바람이 나무에 감기면

잎들은 손부채 부쳐 늦도록 수런댄다

천 개의
바람을 일으키는

느티의
두터운 입술

대머리 까치

시장통을 접수한 꺼칠한 까치 두 마리

수시로 관리하듯 근처를 낮게 날며

가게 앞 웅크린 봉지 제 몫인 양 달려든다

사체 같은 잔반에 머리 박고 사느라

허기를 쪼아댈수록 야성의 숱이 빠지는

여기는 도시의 사바나 흙먼지가 날린다

SNS장(葬)

직원들 단톡방에 수년째 늘 그 자리
희미한 숫자 1이 지문처럼 묻어 있다
대화에 끼지 못하는 이승의 산모롱이

슬며시 삼 년 만에 친구추가 눌러보니
화려한 카톡 프사에 '새해 복 많이 받으세요'
언제 적 자욱한 새해인지 혼적 훑다 사레든다

디지털 장례를 치르지 못한 그녀
낙엽처럼 수북한 톡 중력 없는 연이 되어
우주 속 어느 SNS에 양파 주소로 떠 있다

요정들아 다 모여라

공장에서 미싱 하던 소녀가 이제 나와

매화 화관 엮어 얹고 우엉 뿔 귀 달고 미나리 가발 치렁대며
쑥갓꽃처럼 웃는다 콩깍지로 아미 그리고 당근 립스틱 바르며
대파 비녀 꽂고 배춧잎 모자 쓰고…… 벌거벗은 에덴처럼 천
진과 엉뚱함에 21세기 요정들은 동심의 회귀본능 따라 전복
선글라스 함께 끼고 SNS를 달군다

쉰 살에 요정을 부르는 그녀* 알록달록 그림책 같다

*KBS〈인간극장〉'별난 여자 김선'.

식물들의 약도

텃밭에 완두 심고 노끈을 달아준다
앞다퉈 올라가는 넌출넌출 콩 줄기들
줄을 다 따라 마시자 어리둥절 더듬댄다

아래로 줄을 대고 내려오나 지켜봤다
중력을 따라가면 세상 참 쉽게 살걸
멋대로 얽히고설켜도 한결같은 방향이 있다

배들이 따라가는 별빛 약도처럼
돌돌돌 꼭 말아 쥔 용수철 주먹 쥐고
촉지도 밑그림 따라 유월처럼 뻗어간다

이물질

1.

회사가 뒤집혔다 이물이 접수되어
포장을 다 파헤쳐 전수조사 들어갔다

남의 죄 샅샅이 훑듯
불빛을 조사(照射)한다

녹지 않고 응어리진 내 안의 소수성 인자들
외부 유입 굳이 없이 자체 생성 불순물까지

못 삭힌 생의 이력도
모두 이물이란다

2.

기억의 이물감을 상처라고 부르지

표정에 부유하든 내면에 침전하든

괜찮아
씹다 빠진 금니도
밥에 섞이면 이물이야

가을 도리깨

들깨를 까불려고
깻단을 말린다

도리깨질 장단과
키질의 추임새에

깨 털듯 탈탈 털려도
차오르는 가을!

감나무 식당

직박구리 부부와 올망졸망 참새네
까치밥 단품 요리로 아침 식사 중이다
새들이 연일 줄을 선
감나무 무료 식당

사계절 다져 넣은 주인장 솜씨에
부등호 부리마다 주황색 감물이 들고
삐비비 금화 같은 새소리
가지마다 달린다

도시에서 온 허수아비

들녘을 지키고 선 마네킹 허수아비
땡볕에 나앉아도 백자 피부 뽐내며
멀거니 논 한가운데 폼을 잡고 서 있다

인상 쓴 표정 대신 미색(米色) 웃음 바르고
참새 떼야 오든 말든 내 알 바 아니란 듯
손가락 까딱 않는다 새소리 따라다닌다

구름을 파종하고 바람을 거두는지
큰맘 먹은 귀농인데 달빛에 옷 젖도록
하루씩 별빛 코팅하다 계절 한 장 쭉 찢긴다

턱도 없는

민원으로 철거된 철제용 임시 경사로

그 아래 20센티 턱 솔직하게 드러나

속내를 드러내듯이 휠체어를 막아선다

편의점이 코앞인데 한 뼘이 절벽 같아

바라보다 돌아서며 일상을 접질린다

턱없는 세상을 그리는 건 턱도 없는 소리인지

터진 감

벤치에 감이 한 알
털썩 주저앉았다

소문 다 잦아들어
웃풍 드는 생의 변두리

까치도
본체만체하는
대궁밥 같은
둥근 등

터진 틈 따라 맺힌
햇빛 앙금 찾아서

바람의 소름을 딛고
팔랑팔랑 모여든

주홍빛

네발나비 떼

모서리를

접었다 편다

달리는 웅덩이

꼬리 머리 꼭 맞댄 잠자리 십여 쌍이
자동차 보닛과 반짝이는 유리창에
자꾸만 꼬리를 대보다 화들짝 떨어진다

흰 구름 담겨 노는 검은 유리 웅덩이는
알 낳기 영락없는 잠자리 보금자리
아 뜨거! 물이 아니야 새까만 불이야

만삭의 다급한 몸 폭염 가뭄에 쫓기는데
그 흔한 깜빡이쯤 귀띔조차 안 흘리고
차들은 구름 갈아 끼우며 바람 따라 달린다

뜨내기

단풍 구경 간 김에 시장 들러 할머니에게 에누리 흥정도 없
이 마늘을 한 접 샀다
집에 와 퍼 널다 보니 절반이 폭삭 썩었다

평균수명 훌쩍 넘어 남의 생을 사는 세월 밑지고 팔아도 시
간의 덤 남겠구먼
어차피 뜨내기끼리 바가지를 씌우다니

은행나무

샛노란 원피스가
횡단보도 건너온다

바람의 갈채 속에
화르르 손 흔드는

눈부신
계절의 우화(羽化)

몸을 푸는
천지간

제4부

두 눈동자

남의 눈 의식한단 말
그림 눈도 통하나 봐

화물차 뒤에 붙은 납작한 두 눈동자

붙지 마! 노려보다가
졸지 마~ 웃어도 주네

쭉 널 보고 있어
감시에 딱 걸린 듯

운전대 고쳐잡고 전방주시 다잡지만

결국은
스티커에 반사된
자기 눈을 보는 것

딱 5분만!

목적지 코앞에 둔 정류소 바로 직전
기사가 벌떡 일어나 바지를 움켜쥔다
"5분만 기다려주세요 죄송합다" 뛰어내려

허둥지둥 내달리는 목도리도마뱀 보법으로
사차선 횡단하여 농협으로 빨려든다
일제히 쏠리는 시선에 갸우뚱 차도 기울고

배탈도 쩔쩔매는 철통같은 배차시간
철가방 버스에다 면발 같은 길을 싣고
종아리 퉁퉁 붓도록 구불구불 풀며 간다

g 떼

미궁 같은 주차 위치 손전화에 담았는데
배터리 방전이라며 모르쇠로 묵묵부답

지하엔
쥐 떼처럼 웅크린
희끄무레한 자동차들

겨우 찾은 G7이 건너편에 또 있다
색깔별로 G들이 왜 그리 많은 건지

빌딩 숲
기성품 일상들이
구멍으로 들락댄다

천사의 나팔

천상의 트럼펫을 지상으로 분다 하여
천사의 나팔이라 불린다는
거대한 꽃

밤에만
달빛 같은 향을
달큰하게 내뿜네

널 위한 맹목에는
원색의 맹독이 있어

지속가능한 사랑인 양
일상은 착각이 되고

천사 그
이름에 녹아
가스라이팅 되어가네

폭염 야적장

적재된 폭염 속에
방치된 울분처럼

텅텅 빈 가슴으로
드러누운 드럼통 셋

뜨건 속
삼킬 때마다
쾅! 쾅! 운다
큰북 치듯

회식의 탄성

1. 술

소맥 제조 들어가고 잔이 채워질수록
알코올이 끌어 올리는 입꼬리와 데시벨이 있다
도수는 관계를 여는 빗장
고무줄 탄력이다

2. 콜라

폭탄이 터지든 말든 탄산 악센트 찍어본다
톡 쏘는 아열대 맛에 기분 달짝지근해도
피시식~ 딸 때만 잠시
김이 줄곧 빠진다

3. 물

물 먹이는 사회인데 예까지 와 물 먹다니
단차 없는 일상이 무색무취겠다 수군대도

할 말이 다 식은 잔을

거침없이 높인다

잠 값

천안에서 서울까지 장례식장 두 번 뛰고
장마철 수박 터지듯 잠이 터져 버렸다
눈 뜨니 오전 8시 1분, 셔틀은 고삐 풀리고

침대에 기울어져 정신을 추스르니
평편한 출근길이 수직으로 가팔라져
후다닥 택시를 잡아 노선에 올라탄다

밤의 무게중심이 아침으로 옮겨 앉아
완벽하게 떨어져 푹 잔 값 24,300원
동료는 아깝다지만 시를 건져 수지맞았다

모래의 힘

제설용 봉투를 길에다 터뜨린다

더 이상 떨어질 곳 없는 줄 알았는데 키만큼 높이에서 곤두박질할 뻔하다 모래 징검다리만 아슬아슬 따라간다 지구는 바지랑대처럼 뒤축을 받쳐주고 버티기 전력 질주로 손깍지를 끼고 있다

모래의 까끌까끌한 힘 까끌까끌한 바닥의 힘

영산홍

사나운 북풍 앞에 꽃눈 꼭 끌어안고
보모 같은 봄이 와야 비로소 떨켜로 앉는
영산홍 불면의 초록 잎, 가지 끝 도닥인다

학교 앞 횡단보도 스쳐 가는 행인 사이
말리는 몸과 맘을 악수하듯 저어가며
한 발씩 내딛는 아이와 보폭을 맞추는 그녀

"아들아 네 생이 서행이여도 괜찮아
모음 같은 네 삶에 받침이 되어줄게"
모자의 눈부신 동행 가을볕이 마중한다

졸업식 꽃다발

생화에 붙어 있는 낟알 같은 곤충 알
꽃들의 기척과 부추기는 거실 온기에
껍질을 먹어치우고 푸른 잎에 나앉았다

새빨간 봄 헛바닥은 서둘러 말라버리고
섣불리 개봉되어 까맣게 꿈틀대는
말캉한 나비 유충이 겨울 문에 집힌다

종지 인생

젤 작은 그릇 안에 책비처럼 쪼그려

간 짧은 요리들의 시중을 들고 있다

어묵탕 곤드레밥 무밥 굴밥
찍먹부먹하다 치워진다

양념이란 대명사로 뒷골목 맛집처럼

남몰래 숨어 있는
별 구름 비 꽃 바람……

드드륵 바닥 긁으며 짠 소리를 흘려도

한 가지 장맛으로 항아리 속 저리 깊듯

흙의 일 몸으로 닦아 예쁠 틈 없는 아낙처럼

한 숟갈 오달지게 비벼

난초 짠보로 맛을 읽는다

클로버

로또에 들인 돈만 7억인 할아버지*

클로버를 이리저리 한숨인 양 뒤적인다

무심히 손가락 사이를 빠져나가는 빈방들

세 잎보단 네 잎이고 행복보단 행운이지

토끼풀 같은 처자식이 다 떠난 줄 알면서도

늦도록 당첨의 비법만 여기저기 수소문한다

---

*〈아이콘택트〉에 나온 실화.

중꺾마 고드름

간절하면 몇 킬로 밖 물 냄새 맡는다는데
수직으로 돋아나던 한겨울 송곳니들이
북풍과 중력의 돌짬 사이
사선으로 달렸다

바람 끈에 걸려서 넘어진 적 있나요
거꾸로 사는 순리도 능사는 아니어서
삭풍에 꺾이지 않으려
그 끝 잡고 일어선다

보정 값

아침마다

화장하듯 보정하는 pH Meter

중성 산성 알칼리, 중성 산성 알칼리

선 날이 뭉툭해지는

7 4 10, 7 4 10⋯

익숙해진다는 건

서로 무심해진다는 것

한 번씩

무작위로 습관을 뒤집으면

신경줄 팽팽해지는

4 10 7, 10 7 4

제5부

배춧속은 아무도 몰라

파룻파룻 배추 순을 벅차게 심었다

초록 손 활짝 펴듯 쑥쑥 솟아 나왔다 풀무치 메뚜기며 방아
깨비 배추벌레 소문 듣고 왔는지 동네잔치 벌였다 "그래! 나
반 먹고 너 반 먹자" 했더니 먹은 잎 다 비치도록 배가 투명해
져도 떨어질 줄 모르는 선을 넘는 녀석들 고갱이만 고이 두고
"에라 네가 다 먹어라" 구멍까지 먹어치운 잎, 속 찼는지 안 찼
는지는 키운 농부도 모른단다 뽑아 봐야 안단다

어덟 자 사람 속보다 더 깜깜한 노란 배춧속

차우차우

식당 앞에 묶여 있는 우각골길 이장댁 개

주는 빵도 외면하고 뚱하게 앉은 개가 눈길도 안 주면서 동네일 다 꿰고 있다 외지 차량 지나거나 식사 시간 아닐 때 가면 볼살이 흔들리도록 호되게 야단한다 번호판도 모를 텐데 시계도 없을 텐데

온 동네 반장 행세에 갈기 없이도 늠름하다

서(鼠) 참봉이 사는 법 2

어린 쥐들 등쌀에 목련이 말라 죽자
식솔들을 이끌고 싹처럼 뚫고 나와
103동 단풍 아래로 야밤에 도주했다

소장이 시키지도 않은 길냥이들의 잦은 단속과
종량제 수거통에 비번 달아 여닫는 통에
냄새만 살살 피우는 매실매실한 음식들

경로당 잠입이나 공원 풀숲 잠복근무나
쥐약 살포 엄포에도 삶의 장벽 타 넘으며
경적이 호통을 치는 생을 무단 횡단한다

시사회 가는 길

내비만 믿고 가는 〈오빠 생각〉 시사회
팔달문 언저리서 6시 방향 출구를 몰라
지동과 행궁동 사이 하염없이 맴돈다

입구가 출구라는 생각을 닫아걸자
뒤엉켜 뒤죽박죽 길들은 정전되고
요란한 경로 이탈 경고 언제나 한발 늦고

달려도 제자리인 내 인생의 로터리
가본 길 지나친 길 다 안다 여기지만
지름길 안에다 두고 바깥만 기웃댄다

알약 볕 처방

심하게 바닥이 난 비타민 D 체내 함량

미백에 편승하느라 기피하고 박피하고

태양을 껍질째 먹지 않고 겁 없이 거피 중이다

유리를 통과하여 코팅된 햇빛은 NO!

빌딩에 포위되고 그늘에 감금되어

도시 속 우주 근로자들 알약 볕을 삼킨다

경건한 주문

출근 시간 누비면서
늦잠을 썻는 소리

골짜기 건너오듯
앞 뒷동 죄 울리며

세에탁~ 압축을 풀듯
아침을 열고 있다

역광 같은 뭇시선들
눈을 자꾸 찔러대도

우왕좌왕 세탁물들
미리미리 마중 왔다

공손히 하루를 대해도
삶은 늘 도도할 뿐

감자칼국수

대지가 품고 있는 땅속 복주머니
햇빛의 발소리가 차곡차곡 고여 쌓인
포실한 감자를 으깨 구수한 국물을 낸다

울퉁불퉁 우러나는 질박한 뽀얀 국물에
두레상 둘러앉듯 하얀 꽃 미소가 피고
찐빵집 찜통을 열듯 허연 김 마음에 날린다

객지서 시간밥 먹는 하릴없이 서름한 날
기억은 입맛 따라 고향 집 다녀오고
모종이 땅 냄새 맡듯 햇살을 머금는다

생일 없는 엄마

젖었다 마르기를 반복한 종이처럼

꾸깃한 엄마 생이
또다시 젖어간다

일상이 욕심이나 된 듯 하나씩 빠트린다

한 아이 가질 때마다 어금니 두 개씩을

태아에게 빼앗기고
고여 있는 빈 공간

자꾸만 세월의 날에 베이듯 욱신거린다

쑥쑥 빠지는 반지에 색실 감아 버티다가

딸에게 준 묵주 반지
'네가 하니 예쁘구나'

오늘도 좋은 하루 되거라

영원한 내 아가들

물의 머리

물 따귀를 맞았는지 코피가 팍 터졌다

숱 많은 갈기처럼 물도 놀라 펄쩍 뛰었다

잔물결 흥얼흥얼대도 날달걀 같은 물 껍데기

남실남실 넘어올 땐 다 받는 자동문이더니

다이빙으로 들이닥치자 벽을 치는 단단한 물

유동적 문전박대 말고 물들아 머리 들어라[*]

---

[*]시편 24편 7절에서 인용.

94

까치집 부수기 공무 수행
― 신발

하늘이 벗어놓은 둥그런 까치 둥지

발 모양이 동그란 게지 구름에 찍힌 발자국 보니 잎사귀 꼼지락대는 하늘은 땅의 뿌리 벌목과 벌채로 철탑에 걸린 사연인데 CCTV 왕눈 앞에 눈치 없이 지은 죄로 야속한 공무차량 득달같이 출동하고 뼛조각 같은 나뭇가지 우수수 무너진다 신발은 한 짝씩 수시로 분실되어 잃어버린 신을 찾아 깨금발로 절뚝인다 극에서 극까지 바람 술 달고 달려도

뛰어야 공전 마당인 맹지 같은 지구에서

그늘의 수심

그늘의 표면장력 정오에 가장 세다

두툼한 빛의 후기, 바람이 우거지고

불볕 속 푸른 통로는 녹음 없이 짙어진다

도동 측백

굳이 절벽으로 그은 한계선에 생이 닿아

손톱 같은 뿌리들 기도처럼 파고든다

나무는
빛과의 연리지로
숲의 얼굴 환하다

볕의 각도

감나무 가지마다 오종종 달린 감들
맨 위쪽 한 개씩만 말랑한 주홍이고
그 아래 너덧 개 것은 푸르딩딩 딱딱하다

여름내 그들에게 무슨 일이 있었을까
남 연애사 참견이 내 취향은 아니지만
크기가 고만고만하니 지구는 공평하다

태양과의 밀당 중 간발의 각도 차로
볕뉘가 고여 낳은 감나무 내력이랄까
심증뿐 확증은 없다 찰나의 겹, 세지 못해

세계가 말을 건네는 순간들

김보람(시인)

　어떤 떨림은 말이 도착하기도 전에 윤곽을 먼저 드러낸다. 그 작은 진동이 삶을 다시 바라보게 하는 첫 신호라는 것을 시인은 누구보다 잘 알고 있다. 주변을 뒤흔드는 미세한 순간을 골똘히 응시하는 일, 어쩌면 그것이 시인이 하루를 지나는 방식일지도 모른다. '웅장한 장면(spectacle)'을 목격하듯 시인은 눈앞의 여린 움직임을 더 크게 확대해 읽어내곤 한다. 그러한 머묾의 자리에서 자연스레 한 가지 질문이 떠오른다. 그 실체는 어떻게 현현(顯現)하는가. 메를로―퐁티는 "지각은 사람들이 이를테면 인과성의 범주를 적용할 수 있는 사건으로서가 아니라 매 순간 현실의 재창조나 재구성으로서 주어진다"[1]라고 밝힌 바 있다. 그가 말했듯 본질은 스스로를 내보이기 위

---

1) 메를로―퐁티, 『지각의 현상학』 류의근 역, 문학과지성사, 2013, 317쪽.

해 먼저 흔들리고, 그 흔들림을 읽어낸 이에게만 내밀한 층위를 내어준다.

하지만 인간은 대체로 그 순간을 붙들지 못한다. 자신이 겪어낸 일들과 몸에 새겨진 감각들, 그로부터 빚어진 경험적 자아까지도 스스로 해석하기보다는 커다란 사유체계의 설명에 내맡기는 버릇이 있다. 시인은 그 관성을 비켜선다. 흐름을 거슬러 추상적 개념에 흡수되기 이전의 세계와 몸의 체감을 다시 자기 쪽으로 끌어와 붙든다. 시적 언어는 이러한 되돌림의 과정에서 탄생한다. 무언가를 이해한다는 것은 완결된 설명에 도달하는 일이 아니다. 스침이 열어젖힌 지평 위에서 비로소 열리는 또 다른 가능성(possibility)을 확인해 나가는 일에 가깝다.

이은주 시인의 시를 펼치면 가장 먼저 눈에 들어오는 것은 삶의 면면을 대하는 감각의 태도다. 크고 단단한 사유보다 눈앞의 잔잔한 움직임을 붙드는 눈길, 사물의 표면에 스치는 작은 미동을 오래 바라보는 시인의 감성이 시집 전체를 감싸고 있다. "돌문처럼 단단한 세상 비집고"(「돌이 오줌 눈다」) "시간을 소분하듯 늘어놓은"(「부리가 한 질문」) 사소한 기미들을 시인은 누구보다 예민하게 감지해 낸다. "'고요'라는 보도 앞에"(「소음 디톡스」)서 "말랑한 후숙의 날들 징검돌로 건"(「늘벗 슈퍼」)너는 "느티의/두터운 입술"(「느티바람」)이 일상의 기척을 조용히 받아 적는다. "대신 우는 자명종처럼"(「눈깜짝할새」)

아직 말이 되지 못한 시간의 기류가 먼저 스쳐 지나가는 순간도 그렇다. 이러한 감각의 조각들은 단순한 장면 묘사가 아니라, 실재(實在)와 존재를 다시 연결하는 고유한 언어가 된다.

1. 감각이 여는 사유의 문턱

시집 『달리는 웅덩이』에서 시의 촉수는 늘 진실을 불러낸다. 방음벽은 바람을 흘려보내는 구조물로 보이기보다 은밀한 기세로 다가오고, 그늘의 표면장력은 한 공간을 지탱하는 팽팽한 내력으로 읽힌다. 웅덩이는 자그마한 생명들이 모여드는 공동체가 되고, 물은 단단한 머리처럼 튕겨 나오며 생의 저항선을 만든다. 자연과 사물은 그저 거기에 놓인 대상으로 한정되지 않는다. 인간과 더불어 움직이고 응답하는 살아 있는 존재들이다. 이때 감각은 단순히 외부 세계를 인지하는 통로가 아니라 그 자체로 세계와의 관계를 조직하는 결정적 매개임이 분명하다. "감각적인 것은 우리가 감각으로써 파악하는 것이기는 하나, 우리는 곧장 그 '으로써'가 단순한 도구가 아님을, 감각 장치가 전도체가 아님을, 생리학적 인상이 그 말단에서조차도 한때 중추적인 것으로 간주되었던 관계들에 개입되어 있음을 안다."[2] 결국 세계는 감각을 통해 관계의 결

---

2) 위의 책, 47쪽.

을 드러내고, 시인은 그 순간을 살짝 흘러드는 낮은 숨결처럼 받아 적는다. 그렇게 옮겨놓은 자취는 세계가 우리 곁을 지나 며 남긴 여백과도 같다.

문득 폴 발레리의 시구절이 떠오른다. 「해변의 묘지」에서 그는 "바람이 분다. 살아야겠다"라고 적었다. 바람이라는 미 세한 감각 하나가 존재의 결심을 끌어올린다. 감각이 먼저 열 리고 존재가 뒤늦게 따라서는 이 간극은, 세계가 우리 앞에 하 나의 '인식의 문턱(threshold)'을 보여주는 양상과도 닮아 있다. 이은주 시인의 시편들에서도 이러한 시적 호흡은 부드럽게 지 속된다. "행복보단 행운"(「클로버」)이라는 고백처럼, 그의 시는 확신이나 결론보다 순간의 직관이 건네주는 미세한 징후를 더 먼저 듣는다.

이인분 고등어를 구이로 주문하고

구운 건지 튀긴 건지 가볍게 물었는데

따지듯 물어봤단다
나만 모르는 내 표정

골라서 보관하는 잘 나온 사진처럼

맘에 드는 얼굴만 나라고 믿는 사이

다양한 생활 표정들
보정 없이 노출되고

암막처럼 두껍게 감춘 줄 알았는데

스치는 생각까지 일러바치듯 빠져나온

가파른 생각의 삼투압
암전 같은 막을 친다

—「표정이라는 막」 전문

　너무 많은 말은 이 시의 속도를 따라가지 못한다. 「표정이라는 막」은 설명보다 먼저 다가오는 감각의 질감에서 출발한다. 사소한 장면을 마주한 시인의 시선은 서서히 자기 안쪽을 향해 기울어간다. 식당에서 "고등어" 조리법을 묻는 가벼운 질문이 상대에게는 '따지는 말투'로 들려오는 순간, 주체는 자신도 알지 못했던 "표정" 하나가 서늘하게 되돌아오는 것을 느낀다. 별것 아닌 사물에서 비롯된 감각이 오히려 자기 얼굴(self-image)의 낯섦을 드러내는 지점이다. 그제야 주체는 "잘 나온 사진"만을 "나라고" 여겨온 사이, 일상에서 새어 나온 표정들이 전혀 다른 얼굴을 이루고 있었다는 사실을 깨닫는다. "골라서 보관"한 사진 속 얼굴과 달리, 실제의 얼굴은 "보정 없이" 쏟아져 나오는 것이다. 이 대비는 우리가 얼마나 제한된 이미지 속에 스스로를 가두어 왔는지를 은근히 환기한다. 사물은 이 지점에서 인간의 내면을 비추는 또 하나의 반사면이 된다.

시의 중심에는 "막"의 은유가 놓인다. 주체는 자신의 감정과 표정을 "암막처럼 두껍게" 가려두었다고 믿지만, "스치는 생각"은 금세 그 틈을 빠져나온다. 표정은 의도적으로 관리되는 것이 아니라, 감각의 밀도에 의해 바깥으로 밀려 나오는 흔적임을 일러준다. "삼투압"은 이 움직임을 한층 더 부각한다. 억누를수록 되레 강하게 밀려오는 파문들, 압력을 버티기에는 지나치게 얇은 심리적 막. 시인은 바로 그 경계에서 감응의 미동과 생각의 여진이 교차하는 자리를 꿰뚫어 본다.

이슬 조명 찰랑대는
홑겹의 영롱한 뒷

자기 살 덜어내어
맘껏 펼친 제 세상이

온전히 거미 편은 아니다

들러붙긴 매한가지

끈적이는 씨줄과
끈기 없는 날줄이

휘도는 허공 바닥,
한 생의 내력벽 같은

날줄만 가려 디디며
공복을 채집한다

—「거미의 줄」 전문

　작은 거미줄 하나가 한 생의 긴장을 집약한다. "영롱한 덫"
이라는 표현은 거미줄을 사냥 도구가 아닌 빛과 "이슬"에 흔
들리는 가냘픈 장면으로 바꾸어 놓는다. "자기 살 덜어내어/
맘껏 펼친 제 세상"은 무대가 순전히 거미의 몸을 깎아 만들
어진 삶의 짜임임을 말해준다. 생(生)이란 자기 소모 위에 세
워져 있다는 사실을 반추하게 하는 대목이다. 그러나 이 세계
는 거미의 의지대로만 굴러가지 않는다. "들러붙긴 매한가지"
라는 말처럼, 거미가 만든 줄은 타인을 붙잡는 동시에 자신도
얽어매는 덫이 된다. 스스로 만든 관계나 환경에 걸러드는 인
간의 모습이 자연스레 포개져 보인다. "씨줄"과 "날줄"이 교차

하는 구조는 겉으로는 촘촘하지만, 실은 균열과 유지 사이를 아슬아슬하게 버티는 형태다. "허공"에 떠 있는 줄에 "내력벽"이라는 이름을 부여하자, 시는 자연의 이미지를 넘어 한 생에 서린 장력(張力)을 읽어낸다. "날줄만 가려 디디며/공복을 채집한다"라는 구절은 특히 인상적이다. 자신이 만든 덫에 걸리지 않으려 조심스레 움직이는 거미의 몸짓은 노동 끝에 남는 것이 '포만'이 아니라 '공복'임을 시사한다. 거미줄은 자기 몸으로 지은 세계이면서 동시에 운명적으로 걸려들기도 하는 존재의 형상을 품고 있다. 버티며 살아내는 힘과 끝내 채워지지 않는 빈자리는 감각적 비유로 작동한다. 이때 사물은 시인의 손끝에서 인간의 내면을 슬며시 되비치는 한 면(面)으로 자리하게 된다.

꼬리 머리 꼭 맞댄 잠자리 십여 쌍이
자동차 보닛과 반짝이는 유리창에
자꾸만 꼬리를 대보다 화들짝 떨어진다

흰 구름 담겨 노는 검은 유리 웅덩이는
알 낳기 영락없는 잠자리 보금자리
아 뜨거! 물이 아니야 새까만 불이야

만삭의 다급한 몸 폭염 가뭄에 쫓기는데

그 흔한 깜빡이쯤 귀띔조차 안 흘리고

차들은 구름 같아 끼우며 바람 따라 달린다

— 「달리는 웅덩이」 전문

"잠자리"들이 "자동차 보닛"과 "유리창"에 "꼬리를 대보"는 장면은 처음엔 소소한 해프닝처럼 보인다. 하지만 그것이 "물"을 향해 기운 몸의 반향이었다는 사실이 드러나는 순간, 시선은 관찰에서 한 걸음 더 나아간다. "반짝이는 유리"의 표면을 "웅덩이"로 착각한 생명은 뜨거운 열기에 닿자마자 "화들짝" 몸을 떼어낸다. 아주 짧은 순간 도시가 만든 사물의 빛과 자연의 질서가 얼마나 다른 방향으로 작동하는지가 분명해진다. 유리창에 비친 "구름"은 잠자리에게 고요한 물빛처럼 보이지만, 실상은 뜨거운 기운을 머금은 단단한 표면일 뿐이다. 생을 유혹하는 듯한 장면이 곧바로 위협으로 뒤집혀 버리는 이 반전은, 인간이 구축한 세계가 자연에 얼마나 잔혹한 오류를 남기는지를 폭로한다. 마지막 수에서 생의 긴박함은 더욱 가까이 다가온다. 물길을 찾아 헤매는 "만삭의 다급한 몸"은 "폭염"과 "가뭄" 속에서 살길을 모색하지만 절박한 발버둥은 도시의 시선에 거의 포착되지 않는다. "차들은" 잠자리의 신호를 읽지 못한 채 구름을 스치며 달려가고, "바람" 속에서 생명의 몸부림은 순식간에 지워진다. 자연은 계속 말을 건네지만, 인간은 여전히 그 목소리를 받아 듣지 못한다.

이은주 시인은 매번 다른 사물을 다루지만, 사물을 향한 시선만큼은 언제나 한 방향을 가리킨다. 감각이 사유로 옮겨붙는 찰나를 낚아채는 방식이 늘 일정하기 때문이다. 그래서 그의 시를 읽는 일은 사물이 건넨 한 점의 인상이 어떻게 한 존재의 생각을 흔들고 다시 모양 잡아가는지를 따라가는 일과 닮아 있다. 무엇보다 "감성적인(aesthetic) 것 아닌 것이 미감적(aesthetic)일 수는 없"[3]다는 사실, 즉 느끼지 못한 것을 사유할 수 없다는 명제는 이 시집의 맥락을 더욱 뚜렷하게 한다. 말로 다 설명되지 않는 어떤 여운이 남을 때, 독자는 그 빈자리에서 또 다른 이해를 요청받는다. 그렇다면 일상의 움직임에서 시작된 이 감각은 현실의 무게와 시대의 공기 속에서 어떤 울림으로 번져갈까.

2. 흐름과 잔흔의 얼굴들

한병철은 "투명사회는 동일한 것의 지옥"[4]이라고 말한다. 모든 것을 드러내고 확인하려는 욕망이 커질수록 오히려 더 큰 침묵과 오해가 생겨난다는 뜻이다. 표정과 몸짓처럼 비언어적 신호가 약해질 때 관계는 자연스러운 교감 대신 경계심

---

3) 서동욱, 『일상의 모험』, 민음사, 2013, 234쪽.
4) 한병철, 『투명사회』, 문학과지성사, 2016, 14쪽.

으로 변모한다. 오래도록 마스크를 쓰고 지낸 우리는 이 '투명
성의 역설'을 가장 일상적인 자리에서 체감해 왔다.

　　돌출된 마스크가 맹견의 입마개 같다

　　비난으로 뜯지 않게 거짓으로 늘어지지 않게

　　말 없는 네모난 경고

　　─불필요한 말 삼가시오

　　목줄처럼 팽팽한 사회적 거리에도

　　마스크 앞장세워 간격을 쓰다듬는다

　　소리도 필터에 걸리는지

　　말수가 확 줄었다

　　　　　　　　　　　─「마스크 마이크」 전문

　인용 시는 팬데믹이라는 거대한 사건을 정면에서 말하지 않
는다. 대신 생활 깊숙이 스며든 변화를 더듬어, 그 안에 눌러
앉은 시대의 공기를 천천히 길어 올린다. '마스크 마이크'라는
낯선 결합부터가 시의 방향을 미리 예고한다. "마스크"는 더
이상 "말"을 가리는 천 조각이 아니라 말의 흐름을 바꾸는 장
치가 된다. 내쉬는 숨과 말소리는 얇은 막을 통과하며 이전보
다 둔탁한 음색을 띠고, 사람들은 상대의 말을 이해하기 위해
섬세한 기호들에 집중하게 된다. 일상의 소통이 전혀 다른 층

위에서 재편되는 순간이다. 얼굴을 반쯤 가린 채 지내는 동안 말의 높낮이나 짧은 머뭇거림 같은 요소들이 오히려 도드라졌다. 시인은 "다크서클 짙은 달요일"(「교실 시간표」)의 "방치된 울분처럼"(「폭염 야적장」) 쌓여온 감정을 불러와, 팬데믹 이후의 일상에 드리워진 그늘을 찬찬히 들여다본다.

> 직원들 단톡방에 수년째 늘 그 자리
> 희미한 숫자 1이 지문처럼 묻어 있다
> 대화에 끼지 못하는 이승의 산모롱이
>
> 슬며시 삼 년 만에 친구추가 눌러보니
> 화려한 카톡 프사에 '새해 복 많이 받으세요'
> 언제 적 자욱한 새해인지 혼적 훑다 사레든다
>
> 디지털 장례를 치르지 못한 그녀
> 낙엽처럼 수북한 톡 중력 없는 연이 되어
> 우주 속 어느 SNS에 양파 주소로 떠 있다
>
> ─「SNS장(葬)」 전문

우리의 일상은 어느 순간부터 화면의 빛에 먼저 반응하는 몸이 되었다. 손끝으로 남긴 기록이 연결의 증표가 되고, 말보다 알림이 먼저 감정을 규정하는 시대. 오늘의 사회는 끊임

없이 무언가를 내보이고 반응하며 소통하는 것을 미덕으로 여기는, 이른바 '긍정사회(positivgesellschaft)'라고 불린다. 무엇이든 보여주고 기록하며 공유하는 행위가 관계를 유지하는 기본 형식이 되었고, 그 흐름에서 비껴난 것은 곧바로 결핍으로 읽히곤 한다. 이 인식은 「SNS장(葬)」에서도 같은 방식으로 작동한다. "직원들 단톡방에 수년째" 남아 있는 "숫자 1"은 실시간으로 흘러가는 디지털 공간 속에서 더욱 또렷한 부재의 표식이 된다. 오래전 멈춘 "새해" 인사나 삭제되지 않은 "SNS" 계정 역시 마찬가지다. 끊임없이 갱신되는 이미지들 사이에서 정지된 시간들은 더 강한 존재감을 획득한다.

시인은 손바닥만 한 화면을 통해 투명사회의 이면을 비춘다. 끝없이 '보여주기'를 요구하는 시대에도 지워지지 않고 남아 있는 것들—알림 숫자, 오래된 프로필, 네트워크 어딘가를 떠도는 계정—은 디지털 시대가 만들어낸 독특한 잔향이다. 이 시가 건져 올리는 것은 '온라인 흔적'이 아니다. 중단된 목소리가 이 거대한 네트워크 속에서 어떤 방식으로 머물다가 우리와 다시 조우하게 되는가에 대한 물음이다.

> 시에서 붙여놓은 홍보용 현수막
>
> 유해 야생 비둘기에게 먹이 주지 마시오
>
> 범인을 현상수배 하듯 사진까지 걸었다

야성을 눌러 앉혀 집둘기로 길들여

손편지 심부름에 큰 행사 들러리에

평화의 상징이라더니 닭둘기라며 가란다

비둘기 쏘다니며 토사물 쪼아 먹고

부스러기 수거에 마술쇼 고정 출연에

인간들 치다꺼리로 새벽부터 열일한다

—「비둘기의 사생활」 전문

시인의 현실 통찰력은 화면 속 디지털 잔흔에서 멈추지 않는다. 네트워크 어딘가를 떠돌던 목소리를 따라가다 보면, 시선은 자연스레 도시의 바닥으로 향한다. 눈앞에 매일 스쳐 지나가지만 좀처럼 주목받지 못하는 생명들이 그곳에 있다. 도심 속에서 의미를 부여받지 못한 채 밀려나는 존재들이다. 도시라는 체계 속에서 필요에 따라 가치가 뒤바뀌는 생명들을 바라보는 일은 생활의 그늘을 들여다보는 일이기도 하다. 이 시는 도심의 비둘기를 통해 인간 사회의 단면을 풍자하여 보여준다. "유해 야생 비둘기"라고 적힌 "홍보용 현수막"은 도시의 분류 방식에 따라 비둘기의 지위가 하루아침에 뒤바뀔 수 있음을 일러준다. 한때 "손편지"를 나르고 "행사"장에 등장하며 "평화"의 이미지를 부여받던 새는 지금은 "닭둘기"라 불리며 배척당할 뿐이다. 거리 바닥의 "부스러기"를 주워 먹고 "토사물"까지 뒤지는 모습, "마술" 공연의 장식물처럼 불려 나오는 장면들은 단순한 생태 묘사가 아니다. 필요할 땐 상징으로 소비하다가도 불편해지는 순간 즉시 유해한 대상으로 낙인찍는 도시의 규칙이 그대로 작동한다. 결국, 비둘기의 표류는 가치가 임의로 매겨지고 언제든 폐기될 수 있는 우리 사회의 모순을 직시하게 만든다.

"소음의 독소 속에서"(「소음 디톡스」) 들리지 않는 고통을 시인은 조심스레 더듬어 올리고, "삶의 통점 지압"(「노란 블록」) 처럼 일상의 순간을 눌러 숨겨진 흔적을 찾아낸다. 더 나아가 "기억의 이물감을 상처라고 부"(「이물질」)른다는 구절처럼 지나간 시간 속에 잔존하는 이질감까지도 시인은 성찰의 대상으로 삼는다. "계급을 매기다 제풀에 포로 된다"(「향에 오염되다」)라는 말은 우리가 만든 질서가 결국 우리를 옭아매는 역설적 장면을 환기한다. 이러한 시편들을 나란히 두고 볼 때, 비둘기는 도시가 구축한 서열과 작동 방식을 새삼 다른 각도에서 바라보게 하는 해석의 틀을 제공한다.

3. 맞닿은 자리의 응답

시인은 인간과 세계를 잇는 관계의 선을 탐색하며, 생태적 접촉 속에 숨은 힘과 보이지 않는 질서를 읽어낸다. 프랑수아

줄리앙의 말처럼 "내가 나 자체의 겉을 지각하듯 그 안 또한 지각할 때, 나를 독립적인 주체로 유지시키던 방수막이 사라질 때, 풍경이 나타나는 것이다."[5] 무언가를 깊이 느끼는 바로 그 순간, 나와 세계를 가르던 막은 잠시 투명해진다. 사물이 비로소 제 속성을 드러내는 그 틈에서 시인은 존재가 어떻게 모습을 드러내는가를 다시 묻는다.

> 텃밭에 완두 심고 노끈을 달아준다
> 앞다퉈 올라가는 넌출넌출 콩 줄기들
> 줄을 다 따라 마시자 어리둥절 더듬댄다
>
> 아래로 줄을 대고 내려오나 지켜봤다
> 중력을 따라가면 세상 참 쉽게 살걸
> 멋대로 얽히고설켜도 한결같은 방향이 있다
>
> 배들이 따라가는 별빛 약도처럼
> 돌돌돌 꼭 말아 쥔 용수철 주먹 쥐고
> 축지도 밑그림 따라 유월처럼 뻗어간다
>
> ―「식물들의 약도」 전문

---

5) 프랑수아 줄리앙, 『풍경에 대하여』, 김설아 역, 아모르문디, 2016, 86~87쪽.

텃밭은 생명의 생장을 읽어내는 자리다. 주체는 "노끈"을 타고 오르는 "완두"의 몸짓을 가까이서 지켜본다. "넌출넌출 콩 줄기들/줄을 다 따라 마시자 어리둥절 더듬"는 장면은 성장이 단순한 '오름'이 아니라, 스스로 지나갈 길을 더듬어 익혀가는 과정임을 보여준다. 주체는 줄기가 혹시 아래쪽으로도 뻗어가는지 살핀다. 잠시 "중력을 따라가면 세상 참 쉽게 살걸"이라는 생각이 스치지만, 식물은 흔들리지 않는다. "얽히고설켜도" 결국 빛을 향해 몸을 세운다. 그 한결같은 방향성은 생명이 지닌 고유한 기질을 드러낸다. 마지막 수에 등장하는 "별빛 약도"는 시 전체의 핵심을 단단히 묶어내는 이미지다. 먼바다에서 "별빛"을 읽어 길을 찾는 "배"처럼, 식물의 "촉지" 역시 자신이 따라야 할 작은 약도를 쥔 듯 움직인다. 나선형으로 말린 촉지나 "용수철" 같은 줄기의 형태는 우연이기보다, 자연이 존재에게 건네는 미세한 지시(指示)에 가깝다. 이시의 힘은 과장된 상징이 아니라 세계와 생명 사이에 숨겨진 연결선을 포착하는 데서 나온다.

직박구리 부부와 올망졸망 참새네
까치밥 단품 요리로 아침 식사 중이다
새들이 연일 줄을 선
감나무 무료 식당

사계절 다져 넣은 주인장 솜씨에

부등호 부리마다 주황색 감물이 들고

삐비비 금화 같은 새소리

가지마다 달린다

—「감나무 식당」 전문

감나무 아래 펼쳐진 "아침" 풍경은 자연의 돌봄이 어떻게
순환과 공존의 섭리를 이루는지를 보여준다. 주체는 "감나무"
에 모여든 새들의 움직임을 따라가며 자연이 스스로 차려낸
식탁을 그려낸다. 감나무는 한 해 동안 품어온 기운을 열매로
풀어놓고, 새들은 찾아와 그 선물을 나눠 먹는다. 이는 인위
적 계산이나 규범이 개입하지 않은, 생명들 사이의 자연스러
운 교환이다. 감나무를 "주인장"이라 부르는 표현은 장식적인
의인화라기보다 살림의 감각을 일깨운다. 새들은 서로 다투
지 않고 줄지어 내려앉아 감을 먹는다. "부리"에 묻은 "주황색
감물"이나 "가지마다" 퍼지는 "삐비비" "새소리"는 느슨하면
서도 조화로운 어울림의 정경을 만든다. 이 시는 인간 중심의
시선을 잠시 거두고 자연이 스스로 짜 올리는 관계의 그물망
을 바라보게 한다. 땅의 힘이 열매로 응축되고, 그 열매가 다
시 다른 생명에게로 건네지며 삶은 계속 이어진다. "무료 식
당"이라는 유머러스한 표현은 이어짐과 환대를 가볍게 웃어
넘기는 듯하면서도, 자연이 오래전부터 유지해 온 조화의 방

식을 또렷하게 각인시킨다.

굳이 절벽으로 그은 한계선에 생이 닿아

손톱 같은 뿌리들 기도처럼 파고든다

나무는
빛과의 연리지로
숲의 얼굴 환하다

　　　　　　　　　　　　　　—「도동 측백」 전문

　「도동 측백」을 읽다 보면 자연의 풍경이 어느새 존재의 깊은 층위로 스며드는 순간을 만나게 된다. 주체는 눈앞의 나무가 세계와 감각을 주고받으며 제 얼굴을 드러내는 모습을 가만히 좇아간다. "성질(quale) 속에, 색깔 속에 들어 있는 정의할 수 없는 것은 다름 아니라 바로 무리 진 과거 시각들, 앞으로 올 시각들을 하나의 어떤 것으로, 존재의 단 하나의 양식으로 내놓는 그 단호하고 간결한 양태"[6]로 응결된 것이다. 즉 어떤 사물을 '본다는 것'은 시간의 켜가 한 번에 포개져 겹쳐 나타나는 것을 의미한다. 이 시의 나무도 바로 그런 방식으로 우리

──────────

6) 메를로—퐁티, 『보이는 것과 보이지 않는 것』, 남수인·최의영 역, 동문선, 2004, 194쪽.

앞에 선다. "절벽으로 그은 한계선"은 마지막으로 기댈 수 있는 경계처럼 보인다. 그러나 그 틈을 파고드는 "손톱 같은 뿌리들"에서 우리는 존재의 초월적인 힘을 느낀다.

뿌리가 바위를 더듬으며 자리를 확보해가는 장면은 시간의 압력과 생의 축적, 바깥의 저항을 통과해 지금의 모습에 다다른 나무의 서사를 말해준다. "빛과의 연리지로/숲의 얼굴 환하다"라는 구절은 관계의 본질을 한 줄로 함축한다. 환함은 나무와 빛의 상호작용으로 완성된 "숲의 얼굴"이다. 존재는 홀로 완성되는 것이 아니라 세계와의 접촉 속에서 비로소 자기 정체를 얻는다. 바로 이 지점이 '보이는 것과 보이지 않는 것'이 교차하는 진리의 최전선이다. 자연을 바라보는 일은 인간을 들여다보는 일과 다름없다. 생태적 장면을 통해 우리는 우리의 몸, 우리의 숨, 우리의 관계가 어떤 리듬으로 세계와 이어져 있는지를 느끼게 된다. 이 느린 접촉이야말로 이 시집이 건네는 가장 깊은 배움이다.

더 나은 세계에 다가갈 수 있다는 믿음은 크고 거창한 선언에서 오지 않는다. 하루의 티끌 같은 순간들 속에서 서로를 잇는 힘을 발견할 때 비로소 생겨난다. 이은주 시가 보여준 것은 바로 그 조용한 결심이다. 사물과 생명, 도시와 자연, 인간과 비인간 사이에서 묵묵히 이어져 온 유대(紐帶)의 선을 어지럽지 않게 훑어내는 감각. 사라져 가는 것을 붙잡거나 과장하지 않으면서도 제자리에 깃든 세계의 미묘한 떨림을 다시 느끼게 하는 힘이다.

그래서 "앞뒤 없는 열차처럼 역(逆)으로 생각하면"(「인생 역전」) 우리가 이미 지나쳐온 순간들 또한 다른 의미로 되돌려 읽힌다. 세계는 뒤늦게 말을 걸어오고 우리는 그 말의 방향을 새롭게 배운다. 그렇기에 이 글의 첫 문장을 다시 쓸 수 있다면, 나는 이렇게 적을 것이다. "우리는 이 시집을 통해 세계가 우리에게 아직 말을 건넬 수 있다는 사실을 확인했다." 그리고 그 말을 가장 먼저 듣고 기록한 이에게 우리는 주저 없이 '시인'이라는 이름을 불러줄 것이다.

시인동네 시인선 267

달리는 웅덩이

ⓒ 이은주

초판 1쇄 인쇄 2025년 12월 1일
초판 1쇄 발행 2025년 12월 8일
지은이 이은주
펴낸이 김석봉
디자인 헤이존
펴낸곳 문학의전당
출판등록 제448-251002012000043호
주소 충북 단양군 적성면 도곡파랑로 178
전화 043-421-1977
전자우편 sbpoem@naver.com

ISBN 979-11-5896-725-3 03810